Le Littoral du Var

2ᵉ ÉDITION

TOULON

&

...

GUIDE ILLUSTRÉ
DU TOURISTE, DU BAIGNEUR & DE L'HIVERNANT

ÉDITÉ PAR

LE SYNDICAT D'INITIATIVE
DE TOULON
25, Rue de l'Arsenal, 25

Grands Magasins de Nouveautés

AU GRAND PARIS

1, 2, 3, Rue d'Alger — 1, Rue d'Astour

1, Rue Augustin-Daumas

Ascenseur **TOULON** Téléphone : 0-94

Magasins les plus importants

Vendant le Meilleur Marché

POSSÉDANT LE PLUS GRAND CHOIX

dans chacune des spécialités

TOULON

Grand Hôtel

Place de la Liberté et des Palmiers

TÉLÉPHONE : 0-26

Chauffage Central ✢ Garage ✢ Electricité

ASCENSEUR

HALLS PLEIN MIDI ET PLEIN NORD

Ouvert toute l'année

BAINS 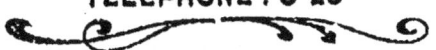 APPARTEMENTS LAQUÉS

Julius BOUILLOT, Propriétaire

TE D'AZUR   2me **Edition**

Littoral TOULON
du Var ET
Ses Environs

LIVRET-GUIDE ILLUSTRÉ
du Touriste, du Baigneur et de l'Hivernant

PUBLIÉ PAR LE

SYNDICAT D'INITIATIVE DE TOULON
25, Rue de l'Arsenal, 25

===== Tirage à 15.000 exemplaires =====

GIRAUD, phot., Toulon

VUE GÉNÉRALE DE TOULON

TOULON
Impr. Régionale, ROMAIN LIAUTAUD, boulev. de Strasbourg, 56

TABLE DES MATIERES

Promenades, page 13 — **Adresses utiles**, page 22 — Excursions, page 16

Agay................	pages	16	Lavandou (Le).... pages	36
Aiguebelle............	—	38	Lecques (Les)..... —	29
Anthéor............	—	47	Mandrier (St)........ —	25
Ayguil (St)........	—	42	Maures (Les M^{ts} des). —	35
Bandol..............	—	27	Maxime (Ste)...... —	41
Bormes.............	—	36	Méounes............. —	31
Boulouris...........	—	44	Montrieux........... —	30
Brusc (Le)..........	—	27	Nans................. —	29
Canadel (Le).......	—	38	Pardigon............ —	39
Carqueiranne......	—	31	**Plan de Toulon**.. —	8-9
Carte de l'Estérel.	—	44	Raphaël (St)........ —	43
Carte du Littoral H.T après la p. 24			Sablettes (Les)..... —	25
Cavalaire..........	pages	38	Sainte-Baume (La)... —	29
Cavalière..........	—	38	Salettes (Les)...... —	31
Clair (St)..........	—	38	Sanary.............. —	27
Croix (La)..........	—	40	San-Salvadour..... —	31
Estérel (L')........	—	45	Seyne (La)......... —	24
Fabrégas..........	—	26	Tamaris............. —	24
Fossette (La)......	—	38	**TOULON**........... —	3
Fréjus.............	—	42	Trayas (Le)........ —	47
Giens..............	—	31	Tropez (St)........ —	40
Hyères-les-Palmiers	—	31	Valescure.......... —	45
Iles-d'Hyères......	—	33		
Itinéraire sur route pour Automobilistes et Cyclistes.	—	20		

RÉPERTOIRE DES ANNONCES

	Pages		Pages
Agence (affichage, location, publicité)............	60	Denrées coloniales.......	56
Ameublement......	49 C.	Dermophiline...........	50
Assurances (Cies d')...	56-58	Distillateur............	57
Bateaux à vapeur (Cie de)	59	Droguistes Plan, Carte..	57
Bazar (Galeries Modernes)	56	Engrais organiques......	59
Bière...............	53	Epicerie...............	56
Bijouterie-Horlogerie-Joaillerie...........	50-52	Ganterie......... C. 49-50 C.	
Bonneterie..... C. 49-51 C		Graminol............	54
Café-Brasserie........	61	Hôtels....... C. 52-58-C.	
Cannes, Ombrelles, Parapluies.............	59 C	Librairie.............	49
Chapellerie...... 49-55-57		Maroquinerie..... 56-59-C.	
Chaussures..........	50	Nouveautés.. C. 49-53-56 C.	
Chemins de fer (Cies de)..	62	Ombrelles, Cannes, Parapluies.............	59 C.
Chemiserie.........	49 C	Papiers peints et peinture.	51
Cinématographe.....	61	Parapluies, Cannes, Ombrelles.............	59 C.
Coiffeurs...........	50-55	Parfumerie. Pl.-Carte. 50-55-56-58	
Confections pour dames..	56 C.	Pharmaciens. Plan-Carte. 50-53-54-57-58-60	
Confiserie-Pâtisserie....	53	Photographes Plan-Carte.	51
Contentieux.........	60	Quincaillerie...........	53
Corsets.............	51	Restaurants........ 52-58-61	
Coutellerie..........	59	Tailleurs............ 49-52	
Couturier...........	49-56	Timbres-Rabais........	51
Crédit (Etablissements de)	63-64	Touring-Club..........	61
Cycles..............	53	Vêtements confectionnés.	49
Déménageur.........	55		

LE LITTORAL DU VAR

Le Littoral du Var occupe, à l'origine de la **Côte d'Azur**, une longueur d'environ cent cinquante kilomètres et s'étend de la plage des Lecques, à l'ouest, au village du Trayas près de Cannes, à l'est.

C'est, sans contredit, — en raison de la douceur de son climat et du charme pittoresque de ses rives, harmonieusement découpées et ombragées, — le plus beau et le plus agréable des séjours méditerranéens. Une température idéale, de vastes jardins, couverts de fleurs et de cultures précoces où croissent, en pleine terre, arbres et plantes exotiques, y donnent, en hiver, l'impression d'un délicieux printemps.

GILETTA, phot., Nice
VUE DU LITTORAL DU VAR — LA CORNICHE D'OR

Pendant l'été, grâce à la brise de mer, l'atmosphère n'y est jamais suffocante, et les chaleurs y sont infiniment plus supportables qu'à Paris notamment, ou dans la plupart des villes du centre de la France.

Les montagnes de Toulon, les chaînes boisées des Maures et de l'Estérel, s'étendent, en amphithéâtre, le long de la côte et encadrent de féeriques rivages. La Méditerranée, toujours bleue, murmure ou sommeille au pied des roches dentelées, glisse au fond des calanques solitaires, enchâssées dans la verdure, vient mourir lentement sur les grèves argentées ou, encore, emporte le rêve au delà des horizons lointains qui s'estompent et s'enfuient. A travers caps et promontoires, baies et falaises, bosquets de pins à la ramure tourmentée, de belles routes, de jolis sentiers suivent toutes les sinuosités des bords de la mer, s'enfoncent dans les vallées ombreuses, contournent ou escaladent les massifs escarpés et gagnent, au milieu des plus pittoresques paysages, les vieilles petites cités provençales, si intéressantes à visiter.

En parcourant ce littoral, trop longtemps méconnu, les Touristes en quête de sites inédits, d'impressions rares, de curiosités vraiment originales et d'horizons sans cesse renouvelés, resteront émerveillés de leurs découvertes. Les Baigneurs et les Hivernants y trouveront, à souhait, les plages les plus ravissantes, comme les abris les plus chauds.

Ceux, surtout, que ne tentent par les distractions coûteuses, souvent fatigantes, mais recherchent, sous un ciel plus clément, le confort sans étiquette, le calme sans ennui et le bien-être sans futilités, s'épargneront de notables frais et de longues heures de voyage, en y faisant choix, pour eux et leur famille, d'une villégiature appropriée à leurs goûts et aux exigences de leur santé.

Echelonnées, en effet, sur le littoral varois, à proximité de la grande ligne Paris-Marseille, plus de vingt stations balnéaires et hivernales s'offrent aux Étrangers. **Toulon**, *Tamaris, Les Sablettes, Sanary, Bandol, Les Lecques, Hyères, Saint-Raphaël, Agay, Le Trayas*, pour lesquelles la Cie P.-L.-M. délivre des billets à tarif réduit, sont connues et appréciées depuis longtemps. Mais on ignore trop que de **Toulon**, tête de ligne du réseau Sud-France, il est facile de gagner, à peu de frais, l'une quelconque de ces charmantes petites villes de saison dont *Carqueiranne, Giens, Bormes, Le Lavandou, Cavalaire, La Croix, Sainte-Maxime* et *Saint-Tropez* sont les centres les plus animés.

Le Syndicat d'initiative de Toulon, 25, rue de l'Arsenal, facilite aux Étrangers la visite du littoral et met gratuitement à leur disposition tous les renseignements qui n'ont pu prendre place dans ce petit volume.

Il est répondu par retour du courrier (*timbre pour réponse*) à toute demande intéressant Voyageurs, Touristes, Baigneurs et Hivernants.

(*Voir, pages 18 et suivantes, renseignements sur Voyages.*)

OUGAULT, phot., Toulon.

SOUS-MARINS

TOULON (103.549 hab.), premier port militaire de la France et centre de ravitaillement de l'Escadre de la Méditerranée, n'est pas seulement intéressant à visiter.

Sa situation incomparable, au fond d'une rade merveilleuse, la plus belle de l'Europe, et sur les premières pentes des collines boisées du Faron qui l'abritent de tous les vents froids, devait, tôt ou tard, séduire les Étrangers de passage, les retenir volontiers et mériter, par la suite, leur préférence justifiée. Aussi, sans autre réclame que la splendeur de son site, la douceur et l'égalité de son climat, une station hivernale s'est créée, peu à peu, à Toulon, et particulièrement dans les ravissants quartiers du Mourillon, de Claret, Sainte-Anne, Darboussèdes, Cap-Brun et Sainte-Marguerite.

Toulon se divise en trois parties bien distinctes, ayant chacune son caractère spécial, ses avantages et ses agréments : 1° La ville moderne, au nord, élégante et bien bâtie, traversée par le boulevard de Strasbourg (route de Marseille à Nice) ; 2° la vieille ville aux rues étroites et tortueuses, avec l'arsenal maritime, les quais, le double port de

GIRAUD, phot., Toulon

TOULON — LE QUAI CRONSTADT

commerce ; 3° les faubourgs du Pont-du-Las, de Saint-Jean-du-Var et du Mourillon ; ce dernier sur les bords de la mer, à l'entrée de la petite rade.

Dans la ville moderne, sur la magnifique place de la Liberté, lieu de rendez-vous favori des Toulonnais, de beaux palmiers dattiers encadrent le monument de la *Fédération*. Le jardin public est remarquable par ses frais ombrages. Près du jardin est le musée-bibliothèque. La bibliothèque municipale compte plus de 50.000 volumes et un médaillier de 1.000 pièces curieuses. Le musée contient près de 200 tableaux de maîtres, des moulages d'après l'antique, des objets d'art et des collections d'histoire naturelle.

La place de la Liberté et le boulevard de Strasbourg sont les artères les plus animées de cette partie de Toulon. De confortables hôtels, de luxueux cafés, de beaux magasins, le Casino, le Théâtre, un mouvement incessant, et qu'on est étonné de trouver dans une simple sous-préfecture, donnent l'impression d'une grande et jolie ville.

Mais le vieux Toulon est bien plus intéressant à parcourir : Détruit en partie, à diverses époques de son histoire, il ne possède guère de

Giraud, phot., Toulon.

TOULON — LES CARIATIDES DE PUGET — PORTE DE L'HOTEL DE VILLE

monuments antérieurs au XII° siècle. Il renferme, cependant, quelques œuvres d'art, au premier rang desquelles il convient de placer les *Cariatides* de Puget, qui soutiennent le balcon de l'hôtel de ville (quai Cronstadt). Elles expriment, d'une façon saisissante : l'une, la *Force* ; l'autre, la *Fatigue*.

Les quais, toujours pleins d'animation, surtout pendant le séjour de l'Escadre en rade, sont une des curiosités les plus appréciées des Étrangers.

Sur le carré du port, un Génie de la Navigation, érigé en l'honneur des marins illustres, indique, du côté du large, la voie des lointaines découvertes.

La porte de l'arsenal maritime (monument historique) est ornée de colonnes en marbre cipolin, soutenant un fronton décoré des statues de Mars et de Bellone. L'arsenal maritime a été commencé en 1679.

On visitera le musée naval, la salle d'armes, la salle des modèles,

Ban, phot., Toulon.

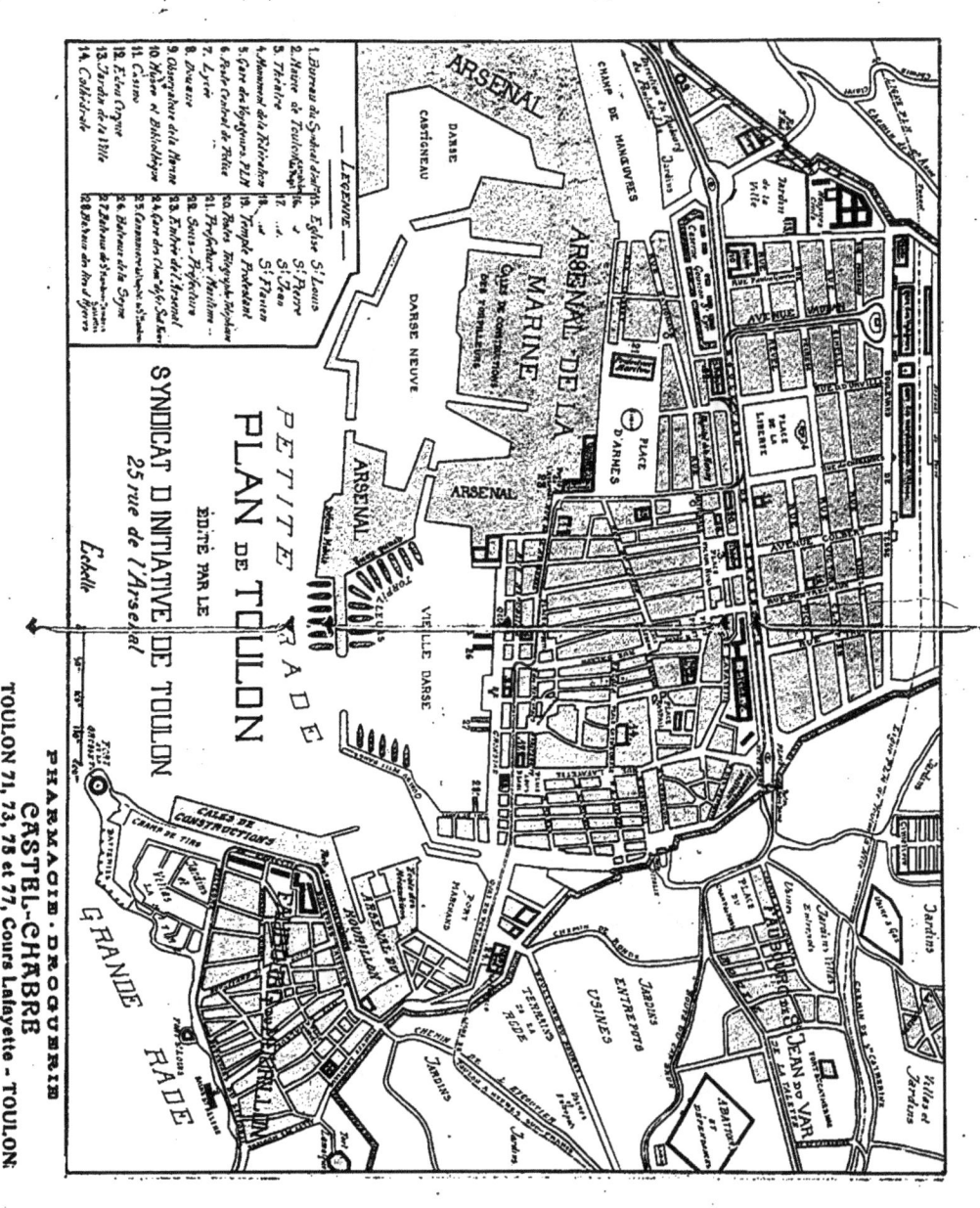

les forges, les bassins de radoub, un navire en réparation. (Voir, page 22, les moyens et conditions pour visiter l'arsenal.)

Giraud, phot., Toulon.
Toulon — Porte de l'Arsenal

La place d'Armes, bien ombragée, découvre l'hôtel de la préfecture maritime, de style Renaissance.
L'église Saint-Louis, la maison d'Antrechaux, (2, place de la Pois-

Giraud, phot., Toulon
Toulon — La Salle d'Armes de l'Arsenal

sonnerie), le cours Lafayette (marché aux fleurs), la Cathédrale ou Sainte-Marie-Majeure, commencée en 1096; les rues d'Alger et Nationale, très commerçantes et bordées de beaux magasins, méritent l'attention des Etrangers.

Il n'est pas nécessaire de donner de grands détails sur les conditions de la vie matérielle à Toulon : Ce sont celles d'une grande ville abon-

GIRAUD, phot. Toulon.
TOULON — LE MUSÉE NAVAL DE L'ARSENAL

damment pourvue de toutes les ressources désirables. Notons, seulement, que les primeurs et les fruits, le poisson et les coquillages y sont particulièrement délicieux.

En dehors des promenades et excursions, les distractions y sont nombreuses et variées : Théâtres, Casino, Eden-Cirque, Cafés-Concerts, Concerts publics, auxquels prend part la célèbre musique des Equipages de la Flotte ; Courses de chevaux, Régates, Fêtes carnavalesques, Batailles de fleurs, etc., etc., offrent, suivant la saison, des divertissements à l'esprit et des attractions intéressantes.

La population de Toulon s'accroît, chaque année, d'une façon remarquable, et c'est là le meilleur argument qu'on puisse faire valoir en faveur de l'excellence de son climat et de son état sanitaire

ENVIRONS DE TOULON

Si l'on veut avoir une vue d'ensemble du magnifique panorama dont Toulon et sa rade occupent le centre, il convient de gagner — le matin, de préférence, — le boulevard du Faron où on accède en quelques minutes, par la porte de Sainte-Anne, au nord, derrière la gare du P.-L.-M.

Au-delà de la presqu'île de Saint-Mandrier — qui ferme, au sud, la petite rade — s'étend l'insondable horizon. Au premier plan, apparaissent la ville populeuse, l'Arsenal et ses vastes bassins, le port, la presqu'île du Mourillon. Puis, s'étend la petite rade, paisible et douce, où semblent sommeiller les gigantesques cuirassés, les longs croiseurs aux multiples cheminées, les torpilleurs correctement alignés, et qu'anime seulement le va-et-vient des chaloupes et embarcations de l'Escadre, des bateaux de pêche ou des steam-boats bondés de voyageurs.

Vers l'ouest se présentent, successivement, l'isthme des Sablettes, le Cap-Sicié, surmonté d'un sémaphore ; le fort Napoléon, au-dessus de Tamaris ; La Seyne et ses chantiers de construction de navires, Six-Fours et son fort ; Malbousquet, enfoui dans la verdure ; les coteaux des Routes, de Valbourdin et de Claret, chaudement abrités ; enfin, dominant le tout, le Faron, hérissé de forts et de redoutes.

A l'est, les quartiers de Sainte-Anne, des Darboussèdes, les villages de la Valette et de la Garde, au pied du majestueux Coudon ; le Cap-Brun, toujours vert ; les rochers rouges de Sainte-Marguerite, la croupe Lamalgue offrent les plus beaux points de vue.

Au-delà du Mourillon, la grande rade, fermée par la presqu'île montueuse de Giens, et la pointe de Porquerolles achèvent, dans un lointain vaporeux, l'immense courbe que le regard vient de parcourir.

Le Mourillon, le Cap-Brun et Sainte-Marguerite, *stations maritimes;* les pentes du Faron avec Claret, Sainte-Anne et Darboussèdes, *stations de collines,* constituent, en dehors de l'enceinte fortifiée de Toulon, la plus complète des résidences d'hiver. On y jouit de tous les avantages de la ville, sans en avoir les inconvénients. L'aristocratique faubourg du Mourillon occupe, à peu près, toute la presqu'île et s'étend le long du boulevard du Littoral, au milieu d'une végétation vraiment tropicale. De minuscules plages, de magnifiques villas, une température toujours

TOULON — PLACE DE LA LIBERTÉ

agréable, même l'été, en font un séjour de plus en plus apprécié. Il en est de même des quartiers nouvellement construits sur les pentes du

LE MOURILLON

Faron. De larges avenues, bientôt sillonnées de tramways, les relient à la ville proprement dite ; le *mistral* et le froid y sont inconnus ; et,

TOULON — LE JARDIN D'ACCLIMATATION DU MOURILLON

des terrasses ensoleillées des nombreuses *bastides* qui dominent la rade, malades et convalescents bénéficient, durant tout l'hiver, de la plus douce température.

PROMENADES

Deux réseaux de chemins de fer : P.-L.-M. et Sud-France, sept lignes de tramways, des services réguliers d'omnibus et de bateaux à vapeur, des embarcations automobiles ou à voiles, facilitent les promenades aux environs de Toulon.

1° **Le Mourillon** (tram.), Boulevard du Littoral, Jardin d'Acclimatation, fort Lamalgue, sentier du Littoral, batterie basse du Cap-Brun, port Méjean, anse Magaud, Bourgarel (tram). A pied 5 kil., non compris le trajet en tramway.

Le Jardin d'Acclimatation, dirigé et entretenu par la Société d'Agriculture et d'Horticulture, dont le siège est à Toulon, place d'Armes, n° 5, est spécialement affecté à l'étude, à l'acclimatation et à la reproduction des végétaux utiles et d'agrément, exotiques et indigènes.

Ce jardin, qui constitue une des attractions de Toulon, est ouvert, tous les jours, au public (Tramway Gare-Mourillon-Littoral.)

2° **Le Cap-Brun** (tram.). Le fort (vue splendide), Bourgarel, Sainte-Marguerite (fort, anse, grotte, rochers), Pin de Galles (jolie plage ombragée). Retour par Bourgarel ou le Pont de la Clue (S. F.). A pied : 6 kil.

Giraud, phot., Toulon.
PORT-MÉJEAN

3° **Fort d'Artigues**, par l'usine à gaz, les Darboussèdes, La Valette (tram.). A pied : 6 kil.

4° **La Garde** (tram.). Vieux château. Reprendre le tramway d'Hyères, le quitter à la station de la Crau ; visiter le mont Fenouillet (alt. 293 m.). Retour par la Crau (P.-L.-M.) ou par voiture publique de la Crau à Toulon ou à Hyères. A pied : 7 kil.

5° **San-Salvadour** (S. F.), le mont des Oiseaux, Hyères. A pied : 6 kil. 300.

6° **Ascension du Faron** (alt. 478 m.). Omnibus de Valbourdin, le fort Rouge ou Saint-Antoine, le Faron. Retour par Sainte-Anne (jolie vue, bonne route) ou le col des Favières et La Valette (tram). A pied : 9 kil.

7° **Vallée de Dardennes** (omnibus). Monter au gouffre du Ragas. Au retour, visiter la grotte et le lac souterrain de la Baume, rive droite du Las. A pied : 7 kil.

8° **Ascension du Coudon** (706 m.). Tram. de la Valette, route militaire ou à travers bois ; 2 h. 1/2 à pied. Entrée du fort interdite. Vue splendide sur le littoral, jusqu'à Nice et la Corse par temps clair. Retour par le col des Favières et la vallée de Dardennes (omnibus).

9° **Le Revest** (omnibus). Très ancien village, dominant la vallée de

PAUTRIER, phot., Toulon.
LES SOURCES DU RAGAS, PRÈS TOULON

Dardennes. Retour par les Pomets et prendre le tramway des Routes au terminus. A pied : 6 kil.

10° **Grottes de Lagoubran** (tram.). Reprendre le tramway de La Seyne, où on visitera les chantiers de construction de navires. (S'adresser au concierge.)

11° **Gorges d'Ollioules.** Tramway d'Ollioules. Les gorges sont à 1 kil. 800 m. au-delà du village.

12° **Six-Fours** (bateau à vap. ou tram. de La Seyne. Omnibus de La Seyne à Reynier.) Le fort est à 1.200 m. Vue splendide sur Toulon et la côte jusqu'à La Ciotat. Visiter la vieille église datant du xie siècle (monum. hist.). Retour à travers bois. A pied : 6 kil.

13° **Presqu'île de Saint-Mandrier** (bat. à vap.). Du Creux-Saint-Georges à la côte sud (baie de la Coudoulière), 1.200 m. Belles falaises. Monter au sémaphore du Cap-Cépet ou de la Croix-des-Signaux. Au retour, visiter l'hôpital de la Marine. A pied : 6 kil.

14° **Les Sablettes.** (V. page 25.)

15° **Tamaris, Manteau, Balaguier.** (V. pages 24 et 25.)

EXCURSIONS

Les routes du Littoral du Var sont, généralement, bonnes et praticables aux automobiles. (Les distances indiquées ci-dessous ne comprennent pas le trajet en tram., voie ferrée ou voiture publique.)

1° **Les Pomets**, à 3 kil. du terminus du tram. des Routes ; le mont Caoume (alt. 786 m.), à 5 kil., ou le Baou de Quatre-Heures (alt. 516 m.), à 1.500 m. Des Pomets au Broussan, 3 kil. (auberge), Evenos, à 3 kil. 500 (auberge) ; Ollioules et les Gorges. Retour par le tram. d'Ollioules. De 16 à 22 kil. à pied.

2° **Carqueiranne** (S. F.). Les Salettes, à 500 m. (restaurant) ; la

Giraud, phot., Toulon.

LES ROCHERS DE SAINTE-MARGUERITE

Colle Noire (alt. 302 m.), à 5 kil.; la Garonne, à 1.600 m.; le Pradet, à 2 kil. (omnibus et S. F.). A pied : 10 kil.

3° **Hyères** (S. F. ou P.-L.-M. ou tram.) ; d'Hyères à Giens, 11 kil.

(omnibus). Visiter la presqu'île ; le sémaphore, à 3 kil. 500. Retour par Hyères ou Carqueiranne, ou encore par la Tour-Fondue (2 kil.), et Porquerolles, d'où l'on gagne Toulon par bateau à vapeur. (Deux journées.)

4° **Les Iles d'Hyères**, soit par Hyères ou Carqueiranne, Giens et la Tour-Fondue (omnibus), soit par le vapeur de Toulon à Porquerolles. (V. p. 18 et 33). (Deux journées.)

5° **Bormes, Le Lavandou, Cavalière** (S. F.). Le cap Nègre, à 1.600 m. de Cavalière. Le cap Nègre est une des plus belles curiosités du littoral. De Bormes, excursions dans les Maures. (Quatre journées.)

6° **Cavalaire** (S. F.), **La Môle, Chartreuse de la Verne, Collobrières** (omnibus pour Toulon). (Deux journées.)

7° **La Londe** (S. F.), **Léoube, Brégançon, cap Bénat, Le Lavandou**. De la Londe à l'Argentière, tramway gratuit. (Une journée.)

8° **La Croix de Cavalaire** (S. F.), **Ramatuelle** (5 k.), **Saint-Tropez** (7 kil.) (S. F.). Toute la presqu'île est intéressante à visiter : Gassin, le cap Lardier, le cap Camarat, Pampelonne.

9° **Sainte-Maxime, Fréjus, Saint-Raphaël, Agay, Anthéor, Le Trayas**, desservis par S. F. et P.-L.-M. Excursions dans la partie orientale des Maures et dans le massif de l'Estérel. (V. p. 43 et suiv.).

10° **Chartreuse de Montrieux.** (V. page 30.). Visiter les deux abbayes et les aiguilles de Valbelle à 8 kil. (Une journée.)

Espen, phot., Toulon

ENVIRONS DE TOULON — LA VALLÉE DE DARDENNES

11° **Sémaphore du Cap-Siclé, N.-D. de Bonne-Garde, Le Brusc.** Bateau à vapeur de La Seyne ; à pied ou en voiture jusqu'au bas de la montagne (alt. 353 m.) 8 kil. 200. De là, à N.-D. (2.400 m.) et au Brusc, 5 k. 400 m. (Une journée.)

12° **Sanary**, 12 kil.; **Bandol**, 17 kil.; **Les Lecques**, 8 kil. Retour par P.-L.-M.

13° **La Ciotat, Cassis**. Visiter les calanques ou fjords ; Aubagne, par P.-L.-M., Gémenos, vallon de Saint-Pons, Cugès, Le Camp (hôtel recommandé), Signes, Méounes, Solliès-Pont.

14° **La Sainte-Baume, Saint-Maximin**. De Toulon à Aubagne par P.-L.-M. ; service de cars d'Aubagne à Saint-Maximin par le col de Bertagne (alt. 913 m.), l'hôtellerie de la Sainte-Baume (visiter la forêt et la grotte de Sainte-Magdeleine), Nans, station estivale, Saint-Maximin (P.-L.-M.). Retour par Brignoles et Carnoules. (V. page 21.)

15° **Draguignan et environs**. Gorges de Châteaudouble, cascade de Trans, Saut-du-Capélan.

16° **De Draguignan**, excursions : 1° Fontaine-l'Evêque et basses gorges du Verdon; 2° Castellane et hautes gorges du Verdon ; 3° Canons de l'Artuby, Comps ; 4° Le Lachens (1.713 m.); 5° le lac d'Allos (V. page 21, §§ 3 et 4). (Renseignements gratuits au Syndicat d'initiative de Draguignan, rue du Collège.)

BOUGAULT, phot., Toulon.
LE GÉNIE DE LA NAVIGATION — QUAI CRONSTADT

Renseignements pour Voyages et sur Moyens de transport

Automobiles (Location d'). Montel, 74, boulevard de Strasbourg.
Bateaux à vapeur. Services réguliers, quai Cronstadt, de Toulon à :
  Manteau : 0 fr. 20 ; Tamaris : 0 fr. 20 ; Les Sablettes : 0 fr. 25 ; Saint-Mandrier : 0 fr. 25.
  La Seyne : 0 fr. 15 ; toutes les demi-heures.
  Porquerolles : 2 fr. 50 ; Port-Cros : 3 fr. (Courrier des Iles d'Hyères ; mardi, jeudi, samedi, 7 heures du matin.)
  Marseille : 7 fr. et 5 fr. ; mardi et jeudi
  Nice : 8 fr. et 6 fr. ; le dimanche.

Corse : Calvi (29 fr. et 19 fr.) ; Ile-Rousse (29 fr. et 19 fr.) ; Ajaccio (12 fr. et 29 fr) ; Bastia (44 fr. 50 et 31 fr. 50) ; (le jeudi.)

Bateaux de plaisance et de promenade. Quai Cronstadt, service à volonté (Prix à débattre à l'avance.)

Canot automobile. Quai Cronstadt, service à volonté (3 fr. l'heure pour 3 personnes, et 1 fr. par personne en sus de trois.)

Tramways de Toulon à :

Mourillon.. 0.15, (terminus)	toutes les 7 min.	Ollioules..... 0.25	toutes 20 m. été et toutes 1/2 h hiv.
Cap-Brun 0.15 Bourgarel 0.20	toutes les 17 m. été, toutes les 23 m. hiv.	La Seyne... 0 15 Les Sablettes 0.25	toutes les 20 min.
Les Routes 0.10	toutes les 17 min.	Hyères..... 0.75 La Crau.... 0.55	toutes les 1/2 h.
La Valette 0.15	toutes les 7 min.		

NOTA. — *Tous les tramways traversent le boulevard de Strasbourg et s'arrêtent place de la Liberté. Les correspondances sont délivrées de l'extérieur pour l'intérieur de la v. le (au dedans des fortifications). — Service des spectacles : dernier départ à minuit et demie de la place de la Liberté.*

Voitures publiques. — Omnibus de Toulon à :

	PRIX	STATION		PRIX	STATION
Beausset (Le).	0,75	pl. Puget.	Moulins (Les).	0,80	pl. Gambetta.
Belgentier	1 »	pl. Armand-Vallé.	Pierrefeu. .	1,50	pl. Armand-Vallé.
Brignoles . .	2,50	»	Pont-de-Bois.	0,10	pl. Gambetta.
Collobrières .	2,50	»	Pradet (Le) .	0,35	pl. Armand-Vallé.
Cuers . . .	1, »	»	Revest (Le) .	0,60	pl. Gambetta.
Dardennes .	0,35	pl. Gambetta.	Signes. . .	1,50	pl. Armand-Vallé.
Garéoult . .	1,50	pl. Armand-Vallé.	Solliès-Pont .	0,50	»
Méounes . .	1, »	»	Valbourdin .	0,10	pl. Gambetta.
Minorque (La)	0,15	pl. Gambetta.			

Voitures de place. — Stations : rue Molière, gare, place de l'Intendance, place des Trois-Dauphins. — Loueur de voitures : Maunier, 55, rue Picot.

Tarifs :
- Voiture à 2 places : 1° la course 1,25 l'heure 1,75 (le jour)
- 2° » 1,50 » 2,50 (la nuit)
- Voiture à 4 places : 1° » 1,50 » 2, » (le jour)
- 2° » 2, » » 3, » (la nuit)

La journée : de 20 à 25 francs ; la demi-journée : de 10 à 12 francs.

Chemins de Fer. — Compagnie P.-L.-M.

1° Prix des billets des villes ci-dessous à Toulon (2° cl.) :

LOCALITÉS	DISTANCE	DURÉE du trajet (express)	PRIX Billets simples (2° cl.)	PRIX Billets Bains de mer individuels	
Clermt-Fd	499ᵏ	12ʰ30	87.70	50.10	Les prix des billets de bains de mer collectifs, au moins 2 personnes (minimum 150 k. aller) s'obtiennent en ajoutant, au prix de deux billets simples pour la 1re personne, le prix d'un billet simple pour la 2e ; la moitié de ce prix pour la 3e et chacune des suivantes. (Emis du 15 mai au 15 octobre ; validité 33 jours.) Les prix des billets de stations hivernales collectifs, au moins 3 personnes (minimum 150 k. aller) s'obtiennent en ajoutant, au prix de 4 billets simples pour la 1re personne, le prix d'un billet simple pour la 2e ; la moitié de ce prix pour chacune des suivantes. (Emis du 15 octobre au 15 mai ; validité 33 jours.) V. page 21, § 6.
Dijon.....	614	11.34	46.40	61.10	
Lyon.....	447	6.40	31.50	43.10	
Paris.....	929	14 »	70.20	84.10	

ITINÉRAIRE SUR ROUTE POUR AUTOMOBILISTES ET CYCLISTES

2° Billet d'excursion de *Toulon* à la *Sainte-Baume*, valable 15 jours ; émis du 15 mai au 30 septembre. Itinéraire : Toulon, Aubagne, Sainte-Baume, Saint-Maximin, Brignoles, Carnoules et *vice-versa*. Prix : 15 fr. en 2e classe.

3° Billet de voyage circulaire de *Toulon à Draguignan, Castellane, Saint-André* (lac d'Allos), *Digne, Aix, Marseille* et *vice-versa*. Validité : 30 jours. Emis du 1er juillet au 30 septembre. Prix 46 fr. 40 en 2e classe.

4° Billet de voyage circulaire de *Toulon à Nice, Puget-Théniers, Saint-André* (lac d'Allos), *Digne, Aix, Marseille* et *vice-versa*. Validité : 30 jours. Emis du 1er juin au 30 septembre. Prix : 38 fr. 60 en 2e classe.

5° Billet de voyage circulaire de *Toulon à Nice*, par *Hyères, Bormes, Le Lavandou, Saint-Raphaël, Cannes, Nice, Saint-Raphaël, Les Arcs, Carnoules, Toulon* et *vice-versa*. Validité : 15 jours. Emis toute l'année par P.-L.-M. et S. F. Prix : 21 fr. en 2e classe.

6° Billets de stations hivernales, émis du 15 octobre au 15 mai, délivrés de toutes gares P.-L.-M. (minimum de parcours total 300 kil.) ; pour *San-Salvadour, Mont-des-Oiseaux, Bormes, Le Lavandou, Cavalière, Cavalaire, La Croix, Saint-Tropez* et *Sainte-Maxime* (via *Hyères* ou *Saint-Raphaël*). Validité : 33 jours, 3 personnes au moins. Les billets émis du 1er octobre au 15 novembre exigent un parcours simple de 400 kil. mais sont valables jusqu'au 15 mai. Les billets d'aller et retour sur P.-L.-M. comportent une réduction de 20 °/₀ en 2e classe sur le prix de deux billets simples. Cette réduction est de 25 °/₀ sur le S. F. Sur les deux réseaux, la validité de ces billets est de 2 jours jusqu'à 50 kil. ; 3 jours, jusqu'à 100 kil. ; 4 jours jusqu'à 200 kil., etc., etc.

Prix des Billets en 2e classe et distance de Toulon à :

	Kil.	Prix		Kil.	Prix
P.-L.-M. — Sanary.	9	0.75	S. F. — Le Pradet.	9	0 25
Bandol	16	1.30	La Colle Noire	12	0.70
Saint-Cyr-les-Lecques	23	1.80	Carqueiranne	14	0.80
La Ciotat	30	2.35	San-Salvadour	17	0.95
Cassis	40	3.10	L'Almanarre	18	1 »
Aubagne	50	3.85	Hyères	23	1.3
Solliès-Pont	17	1.30	La Londe	32	1.85
Hyères	21	1.60	Bormes	41	2.40
La Plage	23	1.90	Le Lavandou	43	2.50
Brignoles	58	4.40	Saint-Clair	45	2.60
Saint-Maximin	77	5.80	La Fossette	47	2.70
Pignans	38	2.85	Cavalière	50	2.85
Gonfaron	43	3.25	Pramousquier	52	3 »
Le Luc	54	4.10	Le Canadel	53	3 05
Vidauban	63	4.75	Le Dattier	58	3.30
Draguignan	82	6 90	Cavalaire	61	3.50
Le Muy	77	5.80	Pardigon	63	3.55
Roquebrune	83	6.25	La Croix de Cavalaire	67	3.85
Puget-sur-Argens	87	6 60	Gassin	70	4 »
Fréjus	91	6.95	La Foux	74	4.25
Saint-Raphaël	95	7.20	Cogolin	79	4.65
Agay	103	7.80	Saint-Tropez	84	4.60
Le Trayas	113	8 55	Sainte-Maxime	83	4.70
Cannes	127	9.60	Saint-Aygulf	93	5.50
Grasse	147	10.75	Fréjus	101	5.80
Nice	153	12.05	Saint-Raphaël	105	5.95

RENSEIGNEMENTS POUR SÉJOUR; ADRESSES UTILES

Agences de location et immobilières. — Agence Fournier ; directeur : Arlès-Dufour, place Victor-Hugo.
— Grandes Affiches du Littoral ; directeur : Jousse, 5, avenue Colbert.
— Cauvin, 8, rue Lafayette.

Arsenal (Visite de l'). Autorisée tous les soirs, à 2 heures (dimanches et fêtes exceptés). Se présenter à la Majorité générale, rue de l'Arsenal, muni de pièces d'identité (carte d'électeur, permis de chasse, livret militaire). Un guide accompagne les visiteurs.

Giraud, phot., Toulon.

L'ARSENAL DE TOULON — LES CANONS CHINOIS

Articles de voyage et maroquinerie. — Mazzoni, 1, rue Corneille, et, 21, rue d'Alger.
— — Seguin, 4, quai la Sinse.

Automobiles et Cycles (Garages, réparations). — J. L. Guigue, 4, place d'Armes.
— Laugier, 23, route de la Valette.
— Montel, 74, boulevard de Strasbourg.
— Ode, 10, place d'Armes.
— Saunin, 76, boulevard de Strasbourg.
— Auto-garage : 8, rue Denfert-Rochereau et rue Nationale.

Bains (Etablissements de). — Société des bains térébenthinés, 29, rue Picot.
— Pignatel, 13, rue de l'Arsenal.

Bibliothèque municipale. — (Voir Musée-Bibliothèque.)

Commissionnaires. — Tarifs : de 1 à 30 kil : 0,75 ; de 31 à 60 : 1,25 ; de 61 à 100 : 1,50 ; au-dessus de 100 kil. : 0,75 par 50 kil.

Cafés Lyon, 8, place d'Armes.
— De la Rade, quai Cronstadt.

Cafés-Brasserie de la Rotonde, 27, boulevard de Strasbourg.
— Taverne Alsacienne, 15-17, boulevard de Strasbourg.
— de Munich, 44, boulevard de Strasbourg.

Cafés-Concerts. — Café de la Rotonde, Taverne Alsacienne, Café de Suède (rue Molière).

Concerts publics (Musiques militaires). — Tous les jours : le lundi, au boulevard du Littoral (Mourillon); samedi, jardin public ; les autres jours : Place d'Armes. L'heure des concerts varie avec la saison.

Crédit (Etablissements de). — Crédit Lyonnais : 3, rue Racine.
— Société Générale : 14, place d'Armes.
— Comptoir National d'Escompte : 22, boulevard de Strasbourg.
— Banque de France : 8 bis, avenue Vauban.
— Guis et Gantelme : 4, place Gambetta.
— Jouve : 75 bis, cours Lafayette.
— Liron : 3, rue Emile-Zola.
— Brémond, agent de change, 117, Cours Lafayette.

Escadre (Visite de l'). — Visite autorisée ; papiers d'identité. Pour se rendre à bord louer une embarcation, quai Cronstadt. (Prix à débattre avec le batelier.)

Hôtels recommandés. — Grand Hôtel, place de la Liberté.
— Hôtel *Victoria*, boulevard de Strasbourg.
— Hôtel *des Deux-Frères*, rue des Trois-Dauphins.
— Hôtel *des Négociants*, quai du Port.

Autres Hôtels. — Du Louvre, du Nord, de la Paix, de la Régence, Terminus ; de la Réserve, au Mourillon.

Hôtels meublés. — De la Poste, Modern Hôtel, du Belvédère.

Jardin d'acclimatation. — Boulevard du Littoral (Mourillon), ouvert tous les jours. (Voir ci-dessus page 14, § 1.)

Jardin public. — Rue Chalucet et avenue Lazare-Carnot. Ouvert de 7 heures du matin à 6 heures du soir.

Justices de Paix. — Rue Hippolyte-Duprat (hôtel municipal).

Musée-Bibliothèque. — Boulevard de Strasbourg, angle rue Paulin-Guérin. La bibliothèque est ouverte de 9 h. à midi et de 2 h. à 5 h., sauf dimanche et samedi. Fermée en août et septembre.
— Le Musée est ouvert de 2 h. à 5 h. l'été ; de 1 h. à 4 h. l'hiver. Fermé les lundis et samedis, sauf pour les étrangers.

Photographes. — Cartes postales : Marius Bar, avenue Marceau ; Giraud, la Colette ; Esper, place de la Liberté ; Bougault, Bouttier, Couadou, Leenaerts, Gerby.

Police. — Commissariat central, rue Hippolyte-Duprat (hôtel municipal).

Postes, Télégraphes, Téléphones. — Rue Henri-Pastoureau.

Produits photographiques. — Castel-Chabre, cours Lafayette, 71-77 ; Esper, place de la Liberté.

Restaurants. — Brasserie de Munich ; Brasserie de la Rotonde ; Poésy, place Puget des Négociants, quai du Port.

Skating. — Grand Hôtel, place de la Liberté.

Spectacles. — Grand-Théâtre, boulevard de Strasbourg (Location) et place Victor-Hugo (Entrée). Saison théâtrale du 15 octobre au 15 mars. Du 15 mars au 15 octobre, troupes de passage, concerts classiques, etc.
— Casino, boulevard de Strasbourg. Directeur : Pèlegrin. Bar américain, Attractions diverses, cinématographe, comédie, etc., etc.
— Eden-Cinéma, place de la Liberté. (Voir page 61.)
— Eden-Cirque, Eldorado-théâtre, avenue Lazare-Carnot. Attractions.
— Kursaal-Cinéma, 38, boulevard de Strasbourg.

Syndicat d'Initiative de Toulon, 25, rue de l'Arsenal, (Renseignements gratuits). — Bureaux ouverts de 8 h. 30 à midi et de 2 heures à 6 heures (dimanches et fêtes exceptés).

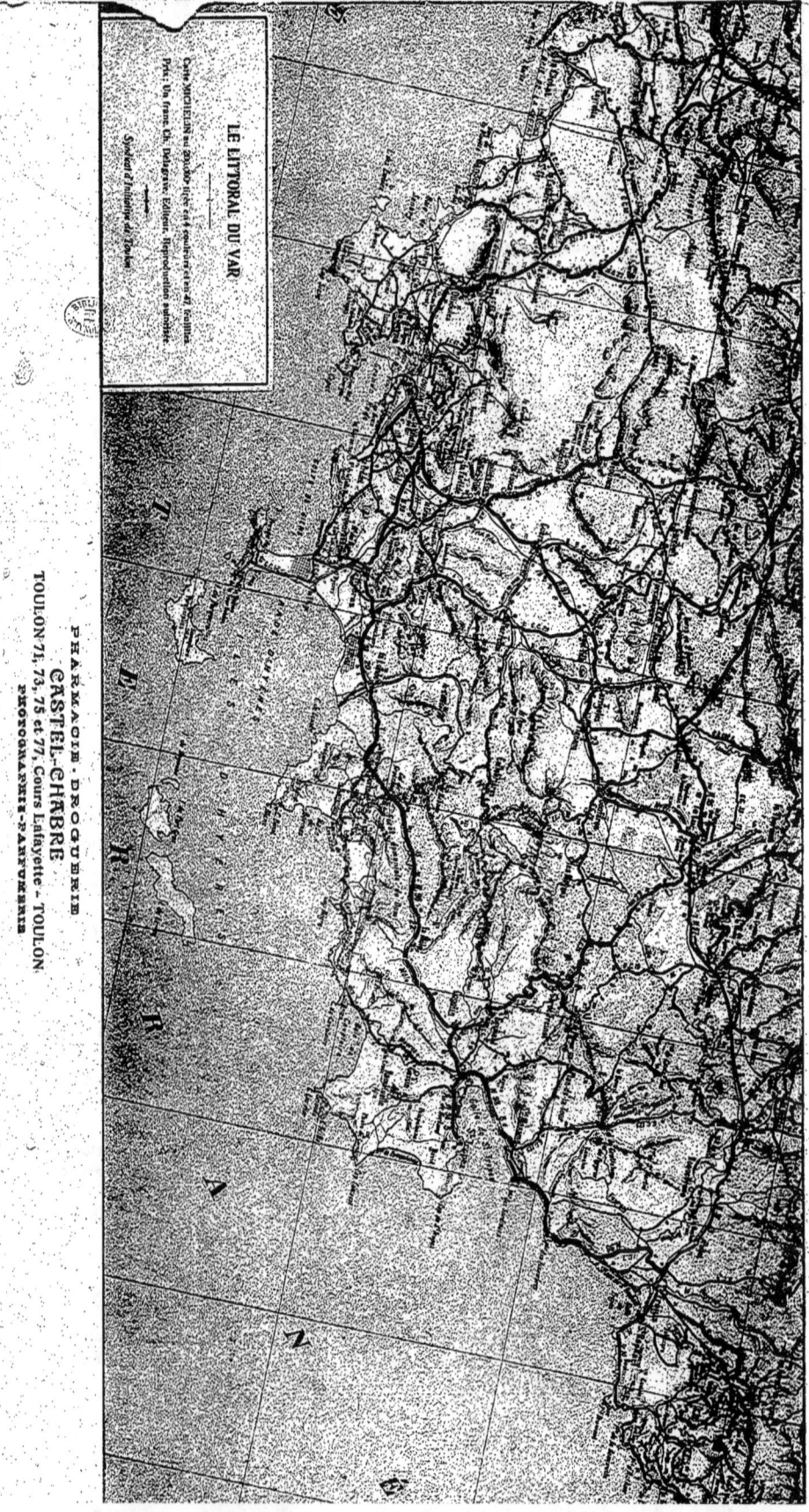

TAMARIS. — Station hivernale bien connue, s'étend en amphithéâtre à l'abri d'une colline couverte de palmiers, d'eucalyptus, de mimosas et de pins maritimes. Son exposition en plein midi, sur les bords de l'une des plus ravissantes baies de la rade de Toulon, son

Bougault, phot., Toulon.

Le Manteau, près Toulon — Le Nouveau Casino

climat particulièrement chaud, en font un séjour d'hiver très apprécié des Etrangers et un centre attrayant de distractions pour les Toulonnais. Ce n'est pas une ville à proprement parler ; mais, plutôt, une agglomération importante de superbes villas nichées dans la verdure et bordée de larges avenues.

On s'installe soit au *Grand-Hôtel* (Just, propriétaire), soit en villa meublée. Ecrire à l'avance à M. Verlaque, régisseur des immeubles Michel-Pacha, le créateur de Tamaris.

Un Casino très coquet, dépendant du Grand-Hôtel, avec jeux divers, concerts, attractions, etc., est très fréquenté.

On s'approvisionne très facilement sur place.

Service de bateaux à vapeur pour Toulon (22 par jour). Voiture publique pour La Seyne. Voitures particulières. Jolies promenades dans la colline, au fort Napoléon, aux Sablettes (1.200 m.), à *Manteau* (Casino), à *Balaguier* (restaurant renommé), par le magnifique boulevard qui, des Sablettes à La Seyne, suit les contours de la rade. Mêmes excursions que de Toulon.

LA SEYNE-SUR-MER (19.800 hab.). — Située à l'extrémité occidentale de Toulon ; jouit d'un climat très doux. On y vit très confortablement et à bon compte.

Cette petite ville doit son importance aux chantiers de construction de navires de la Compagnie des Forges et Chantiers. On peut les visiter. (En faire la demande au concierge.)

Les environs sont couverts de jolies villas bien abritées, surtout dans les quartiers de Coste-Chaude, la Rouvre et Fabrégas.

Bateaux à vapeur pour Toulon (toutes les demi-heures) o fr. 15. Voitures publiques pour Reynier-Six-Fours, o fr. 25 ; Le Brusc, o fr. 50; Fabrégas, o fr. 20 ; Tamaris, o fr. 10. Tramways pour Toulon, o fr. 15, et Les Sablettes, o fr. 10.

LES SABLETTES. — Station balnéaire, située à l'origine de l'isthme qui relie la presqu'île de Saint-Mandrier au continent. Sa

VUE GÉNÉRALE DE TAMARIS —— Girard, phot., Toulon.

plage de 1.200 m. de longueur, toute de sable fin et à pente très douce, est la plus parfaite du littoral provençal ; aussi, sa réputation est-elle universelle. Le *Grand-Hôtel* (directeur Pèlegrin) est ouvert toute l'année. Casino, jeux, attractions, concerts, bals, représentations théâtrales, etc. Grand hall sur la mer. Nombreuses et confortables cabines de bains, canots de pêche, etc.

Bateaux à vapeur pour Manteau, Tamaris, Saint-Mandrier, Toulon. Tramways pour La Seyne. Voitures particulières pour excursions. La station des Sablettes est desservie soit par la gare de La Seyne (omnibus sur demande), soit par celle de Toulon.

SAINT-MANDRIER. — La presqu'île de Saint-Mandrier, couverte d'une immense forêt de pins et sillonnée de bonnes routes, est très intéressante à parcourir. On visitera l'hôpital de la Marine, la chapelle et les citernes, la lingerie, le sémaphore de la *Croix-des-Signaux* (130 m. d'alt.), les falaises de la *Coudoulière*, Au Creux *Saint-Georges*, petits restaurants. Le vapeur régulier met le Creux Saint-Georges à 35 minutes de Toulon.

BOUGAULT, phot., Toulon

LES SABLETTES — LE CASINO ET LA PLAGE

FABRÉGAS. — Petite station hivernale et balnéaire, au pied des collines du Mai, couronnées par la chapelle de N.-D. de Bonne-Garde,

BOUTTIER, phot., Toulon.

SAINT-MANDRIER

lieu de pèlerinage fréquenté par plus de 50.000 visiteurs. Vue merveilleuse sur toute la côte. Plage de sable fin. Belle forêt de pins de plus de 1,000 hectares entourant le village. Air parfaitement pur. Eaux de source toniques et reconstituantes. Culture de fleurs et de primeurs. Service de voitures pour La Seyne (0 fr. 20). Petit hôtel, villas à louer. S'adresser au Syndicat d'initiative.

LE BRUSC. — Station estivale et de bains de mer. Ce joli petit village de pêcheurs est situé sur le versant occidental des collines de la presqu'île de Sicié, en face de Sanary, au nord, et des îles des Ambiers, à l'ouest. Climat sec ; température toujours agréable en été. Une belle forêt de pins et de bruyères arborescentes, de remarquables bords de mer bien ombragés et de hautes falaises très pittoresques attirent au Brusc de nombreux promeneurs. Restaurants. Bateaux de pêche et de promenade. Voiture publique pour La Seyne (0 fr. 50) et Sanary.

FABRÉGAS   Bar, phot., Toulon.

SANARY (2,800 hab.), gare P.-L.-M. — Station balnéaire et hivernale au fond d'une ravissante baie, bien abritée. Jolie plage de sable fin. Les fleurs, les primeurs, les arbres et les plantes exotiques y croissent en abondance et justifient, avec la douceur de son climat, la réputation dont elle jouit. Bons hôtels, villas et appartements meublés à louer. Ressources nombreuses. Voitures publiques pour Toulon, La Seyne, Le Brusc. De Sanary, on se rend facilement aux gorges d'*Ollioules*, à *Bandol*, à travers la presqu'île qui sépare les deux localités ; au *Gros-Cerveau* (alt. 445 m), à Six-Fours ; au Brusc, par bateau à voile. Pour renseignements, s'adresser au Syndicat d'initiative.

BANDOL (2,000 hab.). — Station balnéaire et hivernale. Gare P.-L.-M. à 800 m. Cette coquette petite ville de saison, bâtie en pente douce sur les bords d'une magnifique plage de sable, de 1,200 m. de longueur, jouit d'un climat très doux, très sec et très sain. Le quai, bien

SANARY — LE PORT

Bougault, phot., Toulon.

ombragé de palmiers, d'eucalyptus et de mimosas, offre une jolie vue sur la mer, l'ile de Bandol et le port de pêche, très animé.

Les ressources y sont abondantes. Villas et appartements meublés à louer. (Agence Bonot, 14, quai du Port.)

Hôtels : Hôtel *des Bains* (directeur Brandini); hôtel *Beau-Rivage* (directeur, Gubernatis). Voitures publiques pour le *Beausset*, par la

Giraud, phot., Toulon

VUE GÉNÉRALE DE BANDOL

Cadière et le *Plan-du-Castellet*, intéressants villages. Jolies promenades. (Les mêmes que de Sanary ou de Toulon.)

Excursion à la Sainte-Baume et à Saint-Maximin — La *Sainte-Baume* est un massif montagneux (dont le sommet culminant atteint 1.154 m.), qui s'étend de l'est à l'ouest, entre les sources du Gapeau

Ruat-Genouliat, phot., Marseille.

LA SAINTE-BAUME

et celles de l'Huveaune. Une forêt séculaire occupe le revers septentrional de cette chaîne, au flanc de laquelle s'ouvre, à 940 m. d'altitude, la célèbre grotte de Sainte-Marie-Magdeleine. On y accède par la forêt et un sentier en partie taillé dans le roc. Du Saint-Pilon (alt. 994 m.) on jouit d'un merveilleux panorama sur tout le littoral. La Sainte-Baume est comparable, comme aspect grandiose et sauvage, à la Grande-Chartreuse, et est fréquentée par plus de 50.000 visiteurs tous les ans. Une confortable *hôtellerie*, autrefois couvent des Dominicains, est installée à l'orée de la forêt.

Le service de cars (5 fr. aller et retour), d'Aubagne à la Sainte-Baume, continue sur Saint-Maximin par Nans. Visiter, à Saint-Maximin, l'abbaye et l'église (1295). Dans la crypte, reliques de sainte Magdeleine, de sainte Marthe et de Lazare.

NANS. — Station estivale, à 530 m. d'altitude, au milieu d'une forêt de pins. Hôtels confortables, villas à louer. Voitures particulières Les promenades et excursions à faire sont : le vieux château de Nans, la grotte de la Foux, les ruines de Sainte-Croix, les grottes de Castellette, sources de l'Huveaune, le mont Olympe (705 m.), Saint-Maximin, la Sainte-Baume.

LES LECQUES. — Station balnéaire et hivernale, à 3 kil. de la gare de *Saint-Cyr-La-Cadière* (P.-L. M.), est appelée au plus grand avenir en raison de sa magnifique plage de 1.800 m. de longueur, très sûre et très agréable. C'est un petit hameau formé de quelques villas et chalets, avec deux hôtels très fréquentés, et qui tire ses ressources de Saint-Cyr, village de 2.000 hab. Une belle route relie les Lecques à

La Ciotat (distante de 9 kil.), ville industrielle, importante par les chantiers de construction et de réparations de la Compagnie des Messageries Maritimes. Près des Lecques : Ruines de *Tauræntum*, ville phocéenne, les *Baumelles* ; la *Madrague*, beaux ombrages ; vallée du

Giraud, phot., Toulon.

LES LECQUES

Saint-Dôme, tour du *Réga*, datant de l'an 785. Promenades recommandées : les calanques de *Cassis*, *Ceyreste* (ruines romaines) et la *Sainte-Baume*, par Aubagne.

Hôtel du *Golfe des Lecques* (Veuve Bouthier, directrice). Omnibus à la gare.

Excursion à Montrieux. (Une journée). — De Toulon, La Valette, ou Solliès-Pont (gare P.-L.-M.); voitures à volonté. Montrieux-le-Vieux, dans un site grandiose et sauvage, au pied d'une haute colline boisée d'où sourdent les sources abondantes de Rieu froid et Rieu frey, est très fréquenté en été, en raison de la fraîcheur de ses ombrages. Ruines d'une ancienne abbaye de Chartreux bâtie sur l'emplacement d'un couvent cassianite, antérieur à 1084.

Dans la forêt domaniale de 1,130 hectares, magnifiques promenades, fougères arborescentes, spécimens les plus variés de la flore du Midi. Hôtel-Restaurant très confortable. Réserve de truites et d'écrevisses.

Un sentier de 1,500 m. de longueur conduit à travers bois au monastère de Montrieux-le-Jeune (1170) plusieurs fois détruit et reconstruit en 1844 sur les plans du monastère du xviie siècle.

Visiter les aiguilles de Valbelle, à 1 h. 30 à pied, au sud de Montrieux-le-Vieux, et à la même distance, à l'ouest, de Montrieux-le-Jeune. Groupe de rochers calcaires émergeant de la forêt et affectant les formes les plus étranges. Des obélisques, de 6 à 7 centimètres de diamètre à la base, s'élancent à près de 20 m. de hauteur. Minarets, châteaux forts, dolmens, etc., etc.

Afin d'atteindre plus rapidement le littoral, les automobilistes qui, par Aix et Saint-Maximin, se rendent sur la Côte d'Azur, utilisent de préférence l'intéressante route Brignoles-Solliès-Pont-Toulon, en passant par le très intéressant village de *Méounes*, situé à 1,500 m. de Montrieux.

CARQUEIRANNE. — Station hivernale et balnéaire, 1.850 hab. Gare S. F., à 25 m. de Toulon, au milieu d'une plaine très riche en cultures de toutes sortes et à 300 mètres de la plage des Salettes. La montagne de la Colle-Noire (302 m. d'alt.) et le Mont-des-Oiseaux (alt. 306 m.), qui l'abritent de tous les vents froids, lui font un climat comparable à celui d'Hyères. On s'installe soit aux *Salettes* (hôtels et restaurants) sur les bords de la mer, soit au village même de Carqueiranne (villas et appartements meublés). Ressources abondantes. Promenades nombreuses aux environs: La *Colle-Noire*, retour par la *Garonne* et le *Pradet* (S. F.); *Giens*, *Porquerolles*, *Hyères*, *San-Salvadour*, *Mont-des-Oiseaux*. — Voitures publiques pour Giens, Hyères, les Salettes.

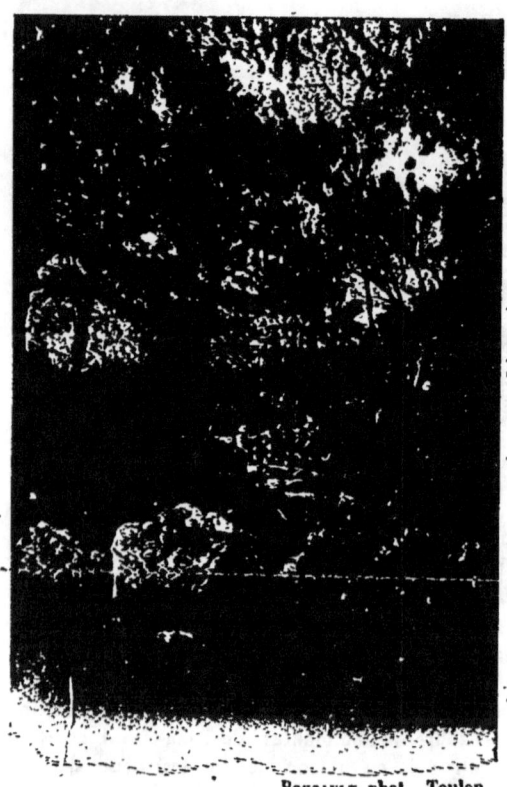

Bougault, phot., Toulon

MONTRIEUX-LE-VIEUX — PASSERELLE SUR LE GAPEAU

SAN-SALVADOUR. — Gare S. F., station hivernale, constituée par un hôtel monumental, au milieu d'un parc de 25 hectares; un Etablissement hydrothérapique perfectionné et une source d'eau lithinée permettent de continuer, en hiver, un traitement commencé à Vittel ou à Contrexéville. Ces divers établissements, exposés en plein midi, dans un site ravissant, sont très fréquentés.

Grand Hôtel de San-Salvadour (Bouyonnet, directeur)

Au nord de San-Salvadour, à 1.800 m., se trouve l'hôtel du Mont-des-Oiseaux, maison de repos et de convalescence, destinée à recevoir les officiers et leurs familles (propriété de la Croix-Rouge)

GIENS. — Station balnéaire et estivale, située dans la presqu'île du même nom, voit, tous les ans, s'augmenter le nombre des Étrangers

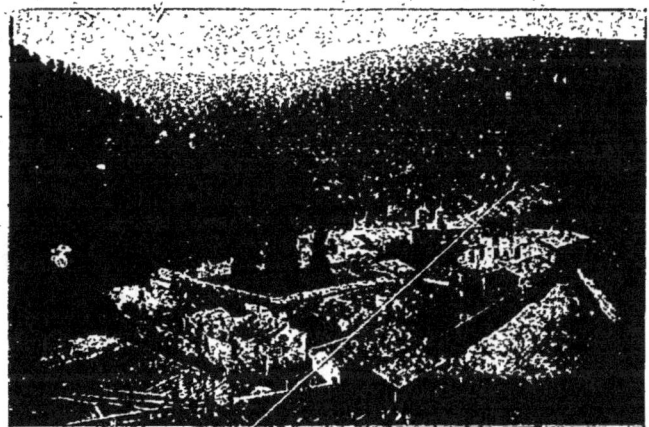

Girard, phot., Toulon.
Montrieux-le-Jeune

qui viennent y respirer un air très pur et y prendre des bains de mer. On y trouve des villas et de modestes appartements meublés, deux bons hôtels. L'altitude du village est de 221 m. La presqu'île est très intéressante à visiter : de jolis vallons bien ombragés, une côte très découpée, bordée de profondes calanques, le vieux château de Giens. sur le point culminant, et, à l'ouest, la pointe « Escampo-Barioù » offrent de beaux points de vue sur les Iles d'Hyères et les bords de la mer, de Sicié au cap Lardier.

Girard, phot., Toulon.
Carqueiranne — Les Salettes

Service de voitures pour Hyères et Carqueiranne (1 fr. aller). De la *Tour-Fondue* (3 kil.) on gagne, par bateau à voile (1 fr.), Porquerolles et les Iles d'Hyères.

BOUGAULT, phot., Toulon.

SAN-SALVADOUR

ILES D'HYÈRES. — Les *Iles d'Hyères* ou *Iles d'Or* : Porquerolles, Port-Cros, Ile du Levant, sont très intéressantes à visiter : on y

BOUGAULT, phot., Toulon.

LE MONT-DES-OISEAUX

consacrera deux journées. *Porquerolles*, avec son joli port, au fond d'une magnifique baie, constitue un séjour d'été et d'hiver trop méconnu.

Le climat y est plus doux et plus égal encore que sur le continent. De nombreuses plages de sable fin, de belles forêts de pins et de bruyères, de magnifiques falaises de plus de 150 m. de hauteur, offrent aux touristes de charmantes promenades. Le village de Porquerolles (300 hab.) possède un bon hôtel ; villas et appartements meublés à louer durant toute l'année. Les communications avec Hyères et Toulon y sont faciles. *Port-Cros*, peu habitée et très accidentée, n'est abordable que par le havre de *Port-Cros*, que surplombe une falaise de 132 m. de hauteur. On s'y rend par le vapeur de Toulon, qui touche à Porquerolles, ou de Hyères, par l'omnibus de la Tour-Fondue. (Deux départs par jour ; prix : 2 fr.). L'*Ile du Levant*, rocheuse et sauvage, est inhabitée.

HYÈRES-LES-PALMIERS (17.000 hab.). — La plus ancienne des stations hivernales de France ; jouit d'une réputation universelle. Bien abritée de tous les vents, entourée de merveilleux jardins, la Ville des Etrangers s'allonge au pied de la colline que domine un vieux château, et se compose d'hôtels luxueux et confortables, de riantes villas, de longues avenues plantées de palmiers et de lauriers roses. Les environs offrent de jolies promenades : la côte, desservie par le réseau S. F., le Fenouillet, le vieux Château, la vallée du Gapeau ou de Sauvebonne, à l'entrée de laquelle, avoisinant le Golf-Hôtel, se trouvent le haras du comte de Beauregard, les terrains du Club de

Giraud, phot., Toulon.

PORQUEROLLES

Golf avec une piste de 18 trous connue comme l'une des meilleures du Littoral.

Pour renseignements relatifs à Hyères, s'adresser au Syndicat d'Initiative, avenue des Palmiers.

LES MAURES. — Le massif des Maures, très intéressant à visiter, forme, pour ainsi dire, un petit pays complet avec ses montagnes, ses vallées, ses rivières, et tout à fait distinct du reste de la Provence, en raison de sa constitution géologique, de sa flore et de sa végétation spéciales. Séparé du massif de l'Estérel par la vallée de l'Argens et la plaine de Fréjus, il mesure 60 kil. de longueur sur 30 de largeur et couvre la région comprise entre la haute vallée de l'Argens, au nord, et les bords de la Méditerranée, au sud. De nombreuses routes le sillonnent et permettent les excursions dans tous les sens. On y consacrera au moins quatre journées. Les sites les plus curieux sont compris dans l'itinéraire suivant : Toulon, Gonfaron (par P.-L.-M.), Notre-Dame-des-Anges (alt. 779 m.) et la Sauvette (alt. 782 m.); Col-

GIRAUD, phot., Toulon.

HYÈRES

lobrières (Chartreuse de la Verne), Grimaud, La Garde-Freinet, Le Luc (ruines du Pigeon des Masques, oppidum de la Fourrette, colline de Parrecourt, abbaye du Thoronet). Vidauban (perte de l'Argens, Saint-Michel sous terre); Le Muy (gorges de Pennafort et des Bagarèdes, le Saint-Trou); Roquebrune, Sainte-Maxime, Bormes (forêt du Dom) Les routes praticables aux automobiles sont indiquées par un trait plein sur la carte (page 24); les autres routes sont praticables aux cyclistes et voitures Dans toutes les localités traversées, on trouve de confortables hôtels ou auberges. Les lignes P.-L.-M., au nord, et S. F., au sud, contournant le massif des Maures, il est avantageux d'utiliser le billet circulaire indiqué à la page 21. § 5.

De la Londe (S. F.), une promenade très recommandée est celle de Brégançon, par la forêt, la pointe et le château de Léoube. Un petit railway conduit de la Londe aux abords de ces sites pittoresques ; le retour peut s'effectuer par le Lavandou et Bormes.

BORMES-LES-MIMOSAS (900 hab.) — Station hivernale (150 m. d'alt.), à 3 kil. de la mer, un des plus chauds abris du littoral. Bâtie en amphithéâtre sur le versant méridional d'une colline, et entourée de montagnes de plus de 300 m d'altitude, cette petite bourgade, très propre et très ensoleillée, fait face à la mer. De belles terrasses, transformées en jardins, contrastent avec les ruines de l'ancien village provençal fortifié. Une puissante végétation d'arbres et de plantes exotiques témoigne de la douceur de sa température. La gare est à 2 kil. de la localité. Bons hôtels, quelques appartements meublés à louer

BORMES

Girard, phot., Toulon.

(Agence Boglio). Vie facile et à bon compte; la plaine du Batailler est une des plus fertiles du Littoral.

Bormes est un centre de promenades et d'excursions à travers les monts des Maures. Une route très praticable suit la côte jusqu'à Saint-Raphaël, avec bifurcation sur Saint-Tropez ; une autre conduit à Collobrières (bifurcation sur Gonfaron), à la Chartreuse de la Verne, à Grimaud et au Luc.

On visitera N.-D. de Bormes (alt. 320 m.) à 3 kil. de Bormes, la forêt du Dom, les mines des Bormettes, le Cap Bénat, les plages du Lavandou, le val de la Môle. De la Môle, — partie en voiture, partie à pied, — on gagne la *Chartreuse de la Verne*, le site le plus admirable des Maures, dans une magnifique forêt de châtaigniers.

LE LAVANDOU (600 hab.). — Station balnéaire et hivernale. Gare S. F. à 3 kil. de Bormes. Ce petit village, qui sera bientôt érigé en commune en raison de l'importance qu'il acquiert chaque année, est situé sur les bords d'une magnifique rade, en face des Iles d'Hyères; les contreforts boisés des Maures l'abritent de tous les vents

BOUGAULT, phot., Toulon.

LE LAVANDOU

froids et contribuent ainsi à rendre son climat particulièrement doux, pendant l'hiver tandis que, en été, la brise qui vient du large rafraîchit

PAPIRIER, phot, Toulon.

SAINT-CLAIR

agréablement la température. De jolies plages de sable se trouvent à proximité du village, et de nombreuses promenades rendent le séjour très agréable. De bons hôtels, de gracieuses villas constituent la ville des Etrangers, qui s'y installent de plus en plus, malgré l'enchérissement des terrains. (Agence de location : Directeur Boglio.) Mêmes promenades et excursions que de Bormes, et particulièrement au Cap Bénat et aux petites stations suivantes :

SAINT-CLAIR (S. F.). — A 1 kil. 500 du Lavandou. Superbe plage bien ombragée ; agglomération de villas, chaudement abritées. Culture de fleurs et de primeurs. De Saint-Clair, on peut se rendre à pied, en suivant les bords de la mer, à la Fossette (1.500 m.).

GIRAUD, phot., Toulon.
AIGUEBELLE, PRÈS DU LAVANDOU

LA FOSSETTE. — Station S. F., dessert l'*Hôtel d'Aiguebelle* (ouvert toute l'année. Mlle Mazellier, propriétaire), merveilleusement situé au-dessus d'une baie sablonneuse bien ombragée, et des terrasses duquel on jouit d'une vue merveilleuse sur la haute mer et sur la côte, très pittoresquement découpée.

CAVALIÈRE. — Station S. F. Restaurant. La baie de Cavalière, une des plus belles du littoral, s'étend entre la pointe Layet et le Cap Nègre. On y voit des traces de ville romaine. La halte de Cavalière permet de se rendre facilement au Cap Nègre (à 1.600 m.), de le contourner et d'en gagner le sommet. De tous côtés, vue splendide.

De nombreux sentiers, très praticables, courent sous bois, escaladent les falaises, de plus de 100 m. de hauteur, et permettent d'atteindre *Cavalaire* par *Pramousquier*, le *Canadel* et le *Dattier*. Du Canadel, un bon chemin va rejoindre, à la Môle, la route de Bormes à Saint-Tropez.

LE CANADEL. Gare S. F. — Nouvelle station hivernale, dans une magnifique forêt de pins, d'eucalyptus et de mimosas, comprend un grand hôtel, un restaurant et quelques villas.

CAVALAIRE. — Station balnéaire et hivernale. Ce petit hameau, composé de quelques maisons et de deux hôtels, est situé sur les bords d'une magnifique plage de 4 kil. de longueur, bien abritée par les collines boisées des monts Pradels (524 m. d'alt). De beaux ombrages couvrent les bords de la baie, toujours tranquille, et rendent les bains particulièrement agréables. Le climat, en hiver, y est doux et uniforme; les différences de température y sont, du jour à la nuit, à peu près insensibles. Aussi, Cavalaire est-elle une station très fréquentée et appelée au plus grand avenir. Les ressources y sont abondantes : poisson, gibier, fruits et primeurs, bon vin blanc du pays, sont juste-

Bar, phot., Toulon.
CAVALAIRE

ment renommés. On s'installe, de préférence, dans les hôtels, très confortables, d'ailleurs; rarement chez l'habitant. On trouve, cependant, quelques villas à louer, et de nouvelles constructions, édifiées, tous les ans, aux environs du village, indiquent bien la valeur climatérique de cet agréable séjour. Les promenades et les excursions dans les Maures constituent la principale distraction. L'ascension des monts Pradels est, surtout, intéressante; on visitera le col du Fenouillet et la presqu'île de Saint-Tropez.

La partie du littoral comprise entre Le Lavandou et Cavalaire est l'une des plus belles et des plus pittoresques régions de la Côte d'Azur; elle est encore peu fréquentée et presque déserte, malgré les facilités de communications que présente le réseau du Littoral (S. F.)

PARDIGON. — Station balnéaire et hivernale. Gare S. F. A 2 kil. de Cavalaire, sur la baie. L'hôtel de *Château-Pardigon*, situé au milieu d'un magnifique parc planté d'orangers, de palmiers et de pins maritimes, est ouvert toute l'année.

LA CROIX DE CAVALAIRE. — Station balnéaire et hivernale (gare S F.), à 4 kil. de Cavalaire, est une agglomération de villas, au milieu de pins maritimes, dans un domaine de 150 hectares appartenant à une Société lyonnaise. La plage est à 600 m. de l'hôtel principal; elle est toute de sable fin, en pente douce et très sûre. De novembre à mars, la température n'y est jamais inférieure à 14°, et ne dépasse pas 22° pendant les mois les plus chauds. Grand hôtel (P. T.) à 100 m. d'altitude et entouré d'un parc où abondent les roses et les mimosas.

Promenades et Excursions. — Presqu'île de Saint-Tropez et toute la côte jusqu'au Lavandou. Non loin de la Croix, sur une hauteur dominant la baie de Cavalaire, est la maison de repos de *Sylvabelle*, vaste et bel établissement de cure atmosphérique. (Pas de tuberculeux.) Omnibus, sur demande, à la gare de la Croix.

Bau, phot., Toulon.

SAINT-TROPEZ

SAINT - TROPEZ (3.700 hab.). — Station estivale et hivernale, desservie par le tramway à vapeur de Cogolin, par la Foux (gare S.-F.), est un important chef-lieu de canton, situé à l'est du golfe de Grimaud, en face de Sainte-Maxime. C'est un des plus agréables séjours du littoral varois. On n'y rencontre aucun édifice bien remarquable, bien que la ville soit très ancienne; seules, les maisons qui bordent les quais frappent par leur originalité. Sur le quai, en face du môle, se dresse la statue en bronze du Bailli de Suffren, enfant du pays. Les rues, très étroites, renferment des vestiges de l'ancienne occupation sarrazine. Une imposante citadelle, sans garnison, et d'où l'on jouit d'un panorama grandiose sur le golfe et sur les montagnes des Maures, domine tout le pays. A l'ouest, est le vieux Saint-Tropez, station estivale, un peu exposée au vent du mistral ; au sud-est, s'étend une ville plus moderne, constituée par de nombreuses villas égrenées au pied de la Chapelle de Sainte-Anne et dans la plaine qui s'étend jusqu'à la baie de Pampelonne.

On vit très avantageusement à Saint-Tropez ; les ressources y sont abondantes et de toute nature. Les étrangers ont à leur disposition de très bons hôtels, de confortables pensions de famille, ou peuvent s'installer en villas ou appartements meublés (agence de location : J.-M. Laugier, directeur). Voitures publiques pour *Gassin*, *Ramatuelle*, *Cogolin*, *Grimaud*. Canot automobile (service régulier) pour Sainte-Maxime. Voitures particulières. Bateaux de promenade.

Saint-Tropez est le centre des excursions à faire dans la presqu'île boisée et accidentée, qui se rattache à la constitution géologique du massif des Maures, et dont les forêts de pins, de chênes-liège et de marronniers, renferment les plus beaux spécimens de la végétation littorale. — Les anciens villages de Gassin et de Ramatuelle sont très curieux à visiter. On s'y rend par de bonnes routes très pittoresques. La baie de Pampelonne, le Cap Camarat offrent de beaux points de vue, mais, surtout, les moulins de Paillas (alt. 325 m.), au nord de Ramatuelle, d'où l'on découvre la côte jusqu'à Vintimille, l'Estérel et le mont Viso.

SAINTE-MAXIME (1.200 habit.). — Station balnéaire et hivernale, très fréquentée (gare S. F.), est située dans le golfe de

Bar, phot., Toulon.
VUE GÉNÉRALE DE SAINTE-MAXIME

Grimaud, sur la côte nord. Un rideau de collines l'abrite des vents froids, l'hiver ; en été, la brise de mer, venant du large, rafraîchit très agréablement la température. Une belle plage de sable fin y attire de nombreux baigneurs, et les hôtels, très confortables, sont, en toute saison, bondés d'étrangers, parmi lesquels on compte beaucoup d'Anglais. On trouve à Sainte-Maxime des villas et des appartements meublés à louer, et il est facile d'y vivre dans d'excellentes conditions.

Giraud, phot., Toulon.

SAINT-RAPHAEL

Voitures publiques pour le *Plan-de-la-Tour* (0,75); canot automobile (service régulier : 0,50) pour Saint-Tropez, et bateaux de promenade à travers le golfe, ordinairement paisible. Voitures particulières. Les localités et curiosités intéressantes à visiter sont : Les mines de plomb argentifère de Vaucron, le col de Gratteloup dans les monts des Maures (route du Muy), les villages de Plan-de-la-Tour et de la Garde-Freinet; les ruines du château des Dames, l'ancien village de Saint-Pierre-de-Miramar; enfin, la pointe des Sardinaux et la délicieuse vallée du Préconiou.

SAINT-AYGULF. — Station balnéaire (S. F.) à 4 kil. de Fréjus, est située au sud-ouest de l'embouchure de l'Argens, et se compose de quelques villas et d'un hôtel bâti le long d'un beau boulevard tracé dans les chênes-liège et les pins maritimes. Cette petite station — un peu éclipsée par Saint-Raphaël, qui occupe la partie orientale du golfe — prend, toutefois, une importance méritée, grâce aux efforts et à la notoriété du président de son syndicat d'initiative : Carolus Duran.

FRÉJUS, dont les remparts étaient autrefois baignés par la mer, en est, aujourd'hui, éloigné de 1.600 m. environ. C'est une ville très intéressante à visiter et qui renferme des vestiges nombreux de la domination romaine : arènes, bains, aqueducs, temples, vieilles murailles, portiques, etc. Saint-Raphaël et Valescure sont distants de Fréjus d'environ 3 kil. Voitures publiques. Bons hôtels. Gares P.-L.-M. et S. F. Sans prétendre au rôle de station hivernale ou de bains de mer, Fréjus (4.000 h.) reçoit, chaque année, un grand nombre d'étrangers, et les représentations d'art, données dans les arènes, pendant l'été, sont très fréquentées.

SAINT-RAPHAËL (5.000 hab.). — Station balnéaire et hivernale desservie par les Compagnies P.-L.-M. et S. F., est située à l'extrémité orientale du magnifique golfe de Fréjus et adossée aux contreforts méridionaux de l'Estérel. La ville est partagée en deux par la voie

GIRAUD, phot., Toulon.
UN SENTIER DU LITTORAL

ferrée. En haut, ce sont : la vieille église, la poste et le télégraphe, les écoles ; en bas, le port, l'église nouvelle ; puis, le casino, les bains de mer ; enfin, des villas et des hôtels luxueux qui s'étalent au milieu des pins maritimes, jusqu'à Boulouris, le long d'un magnifique boulevard, origine de la « Corniche d'Or ».

Le climat de Saint-Raphaël est sec et mobile par suite des vents légers qui l'agitent ; les chaleurs y sont modérées en été ; la température très douce en hiver, époque à laquelle la ville compte plus de mille étrangers.

Pour tous renseignements pratiques relatifs à Saint-Raphaël, s'adresser au Syndicat d'Initiative (à la Mairie).

BOULOURIS, à l'est de Saint-Raphaël, est une précieuse *résidence hivernale* en raison de son orientation sud, de l'élévation de son sol et de son immense forêt de pins, de bruyères, de cystes et de myrtes. Les bords de la mer y sont de toute beauté, et on y remarque de curieux rochers de porphyre rouge, de jolies petites criques et la *Plage de Corail*.

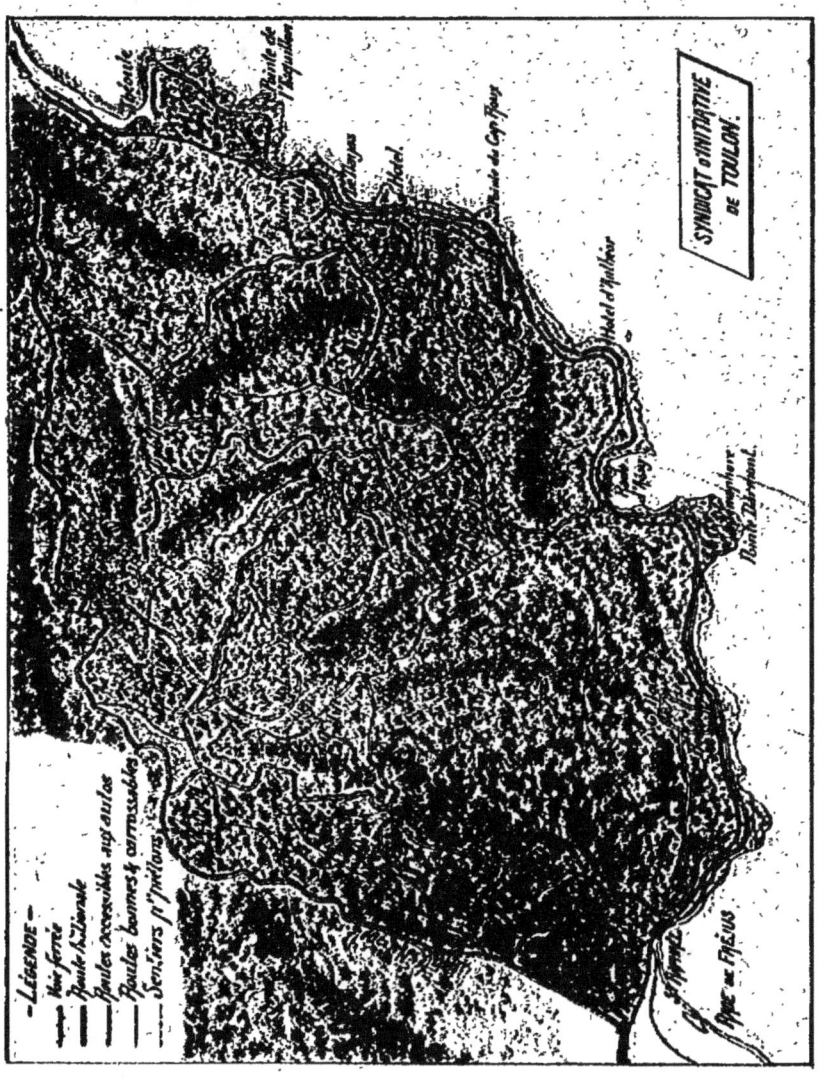

On visitera les carrières de pierre du Dramont, à 7 kil. (omnibus); le Piton, à pic sur la mer, et le Sémaphore.

VALESCURE. — Station hivernale à 2 kil. de la mer, est située entre Fréjus et Saint-Raphaël. Ses magnifiques boulevards forment un

Giletta, phot., Nice.
UNE CALANQUE PRÈS D'AGAY

réseau de 20 kil., sillonnant un véritable parc de verdure, au milieu duquel sont éparpillés de nombreuses villas, des hôtels, une église et un temple.

La station occupe un cirque immense disposé par gradins et orienté du côté sud. Avant d'y arriver, la brise de mer filtre à travers une surface d'environ 10.000 hectares de pins maritimes et pins d'Alep, qui dégagent des effluves tempérant l'action excitante de l'air marin.

C'est l'Arcachon de la Méditerranée, très apprécié des Anglais.

L'ESTÉREL. — Le massif de l'Estérel a une longueur d'environ 20 kil. et couvre une surface boisée (forêt domaniale) de 30.000 hectares. Il forme comme un vaste paravent au littoral compris entre Saint-Raphaël et le golfe de la Napoule, limite du département du Var. Comme les Maures, son système orographique et géologique se distingue des Alpes crayeuses, et les roches éruptives, de porphyre rouge, qui lui sont particulières, présentent, surtout sur les bords de la mer, des escarpements remarquables. De nombreux chemins forestiers le sillonnent en tous sens; la route nationale de Fréjus à Nice le traverse au nord, et il est bordé, au sud, par la célèbre route de la Corniche d'Or, de Saint-Raphaël à Cannes. On peut donc le parcourir facilement, mais il est utile d'emmener un guide, soit de Saint-Raphaël, Fréjus, Agay ou du Trayas.

Les points les plus curieux qu'on ne manquera pas de visiter sont:

1° Au départ de Fréjus ou de Saint-Raphaël, les *Rochers de Jausiers*, le *Malpey*, le *Mont-Vinaigre* (616 m. d'alt.), l'auberge des Adrets;

2° Au départ d'Agay, le *Gratadis* (maison forestière), le *Saint-Pilon* (alt. 440), la *Sainte-Baume de Saint-Honorat*, le grand *Pic du Cap Roux* (453 m d'alt. Vue superbe s'étendant de Nice à Toulon); le *Ravin du Malinfernet*;

3° Au départ du Trayas, le *Ravin du Malinfernet*, le *Pic d'Aurèle* (316 m. d'alt.), le *Mont de l'Ours*, les *Trois Termes*, le *Mont-Vinaigre*.

Toutes ces excursions peuvent se faire, en grande partie, en voiture ou à bicyclette. On emportera des vivres ; l'eau est abondante partout, sauf en été.

L'excursion complète du massif exige trois grandes journées, au moins. La partie N.-E de l'Estérel ou *Massif du Tanneron*, est très peu connue. Il y aurait lieu, pour y pénétrer, d'utiliser la voie ferrée S. F. de Draguignan à Montauroux et de tenter l'excursion par les petits hameaux de Tanneron et les mines de Vaux. (Renseignements au Syndicat d'Initiative de Toulon.)

AGAY. — Station hivernale et de bains de mer (P.-L.-M.), est constituée par quelques villas et deux hôtels, au fond d'une magnifique baie, bien abritée, à 5 kil. de Boulouris. Les escarpements rouges de

LE TRAYAS

l'Estérel sont, là, à peu près dénudés, et contrastent avec la verdure au milieu de laquelle court la petite rivière d'Agay. La route de la Corniche traverse l'agglomération d'où partent de ravissants chemins et sentiers conduisant dans l'Estérel. On trouve à Agay des ressources suffisantes ; mais les villas à louer sont rares, et mieux vaut s'installer à l'hôtel.

ANTHÉOR. — Station hivernale naissante. Toutes les villas sont occupées par leurs propriétaires. Hôtel très confortable. Anthéor est desservi par la gare d'Agay à 4,200 m. et traversé par la route de

Bougault, phot., Toulon.

Le Sous-Marin « Dorade »

la Corniche d'Or. Mêmes promenades et excursions que d'Agay ou du Trayas.

LE TRAYAS. — Station hivernale, dans l'un des plus beaux sites de la Côte d'Azur, au pied des montagnes de l'Estérel, jouit d'une température très douce, plus chaude qu'à Cannes.

La nouvelle route de la Corniche d'Or traverse la petite agglomération de villas qui s'est formée à environ 1 800 m. de la gare P.-L.-M. De jolies criques et plages de sable, enchâssées dans les roches rouges, une végétation analogue à celle de la Corse, enfin la forêt de l'Estérel et ses intéressantes promenades, y attirent de nombreux touristes et hivernants. Courrier postal deux fois par jour ; bureau télégraphique de la gare ouvert au public.

Admirablement situés au milieu des bois de pins, d'eucalyptus et de mimosas, avec vue splendide sur la mer et les montagnes, l'Estérel-Hôtel et le Grand-Hôtel du Trayas (Guichard propriétaire) offrent les plus grandes commodités et le confort le plus moderne. Guides, mulets, ânes, voitures pour excursions. Médecin et pharmacien à proximité des hôtels.

De la gare, une belle route conduit en dix minutes au magnifique domaine d'Espéro Pax, également situé sur les pentes méridionales de l'Estérel et dont Camille Flammarion a écrit : « Ce voluptueux pays est véritablement un morceau du ciel apporté sur la terre. »

Du Grand-Hôtel d'Espero Pax (1er ordre), promenades et excursions faciles dans la forêt domaniale (voir page 46, § 3) Élégantes villas meublées ou non meublées à louer, terrains à vendre. Plage réservée aux propriétaires et locataires. (Pour tous renseignements, s'adresser à M. le Régisseur du domaine d'Espéro Pax, au Trayas, par Saint-Raphaël (Var).

La station privilégiée du Trayas, au climat extrêmement salubre, est l'un des plus attrayants séjours du Littoral du Var, qui prend fin aux rochers de Notre-Dame, au sud de la plage de la Figuerette.

Le SYNDICAT D'INITIATIVE DE TOULON
25, Rue de l'Arsenal, 25

est en relation avec les principaux Syndicats d'Initiative de France, ainsi que les Syndicats d'Initiative des principales stations de l'Etranger :

ALLEMAGNE § BELGIQUE § ESPAGNE § HOLLANDE § ITALIE § NORVÈGE § SUISSE

Tous ces Syndicats distribuent GRATUITEMENT le Livret-Guide du

❦ ❦ Syndicat d'Initiative de Toulon ❦ ❦

MM.

Président	MATHIEU, chef d'escadron d'Artillerie en retraite.
Vice-Présidents	BOUCHÉ, président du Tribunal de Commerce.
	NICOLINI, président de la Chambre de Commerce de Toulon et du Var.
	ANDRÉ, avoué.
	REYNIER, représentant de commerce.
Secrétaire général.	Paul AZAN, caissier au Mont-de-Piété.
Secrétaire	REYNAUD, directeur d'Assurances.
Trésorier	GANTELME, banquier.
Trésorier-adjoint.	L. PICON, négociant.
Archiviste	ESPANET, agent technique de la Marine.

Toulon — Imp. Régionale.

www.ingramcontent.com/pod-product-compliance
Lightning Source LLC
LaVergne TN
LVHW022159080426
835511LV00008B/1467